César Eduardo Carrión

Emboscada / Ambush

Translation by Kimrey Anna Batts

artepoética
press

New York
2019

Colección
Rambla de Mar

Emboscada / Ambush

ISBN-13: 978-1-940075-70-9
ISBN-10: 1-940075-70-X

Translation: © Kimrey Anna Batts
Design: © Carlos Velasquez Torres
Cover & Image: ©Jhon Aguasaco
Editor in chief: Carlos Velasquez Torres
E-mail: carlos@artepoetica.com
Mail: 38-38 215 Place, Bayside, NY 11361, USA.

© Emboscada / Ambush, 2019, César Eduardo Carrión
© Emboscada / Ambush, 2019 for this edition Artepoética Press

César Eduardo Carrión

Emboscada / Ambush

Translation by Kimrey Anna Batts

Colección
Rambla de Mar

Contenido / Contents

Materiales de construcción

Y pronuncio las palabras que disponen la materia en
teologías y teoremas.
Y pronuncio estas palabras, aunque ignore casi todo lo que
digan y aunque digan
Fechorías, perversiones y mentiras; aunque a veces ya no
digan ni mi nombre;
Aunque a veces solo digan fechorías, perversiones y
mentiras… Las palabras:
Material con que hacemos los hombres países e Iglesias,
Estados y templos;
Material de malhechores, de perversos, de habladores, de
cadáveres perfectos.

Las entrañas del que ignora se corrompen y las tripas de los
sabios se fermentan.
Y soplan los vientos y vuelan las aves, y soplan los vientos
y vuelan las aves…
Y el vino de las sombras duerme plácido, entre estiércol y
taninos silenciosos,
Esperando la cosecha centenaria de los robles. Entre tanto,
las palabras:
Teologías y teoremas que nos matan y alimentan, teologías
y teoremas…

¡Cuántas cosas nos decimos en las lenguas y las señas de los
ciego-sordo-mudos!
¿Ámense los unos a los otros? ¡El discurso más violento de
profeta conocido!
Porque uno mismo es uno mismo, es uno mismo, es uno
mismo, es uno mismo…

Construction Materials

And I pronounce the words dictated by the discipline in
theologies and theorems.
And I pronounce these words, though I am ignorant of
almost all they say and though they say
Misdeeds, perversions and lies; though at times they no
longer say so much as my name;
Though at times they only say misdeeds, perversions and
lies... The words:
Material with which we make men countries and churches,
States and temples;
Material of evildoers, of perverts, of gossips, of perfect
cadavers.

The entrails of the ignorant rot and the innards of the wise
ferment.
And the winds blow and the birds fly, and the winds blow
and the birds fly...
And the wine of the shadows sleeps peacefully, among
manure and silent tannins,
Awaiting the hundred-year-old harvest of the oaks.
Meanwhile, the words:
Theologies and theorems that kill us and feed us, theologies
and theorems...

So many are the things that we say to ourselves in the
languages and signs of the blind-deaf-dumb!
Love one another? The most violent prophet's discourse
known!
Because oneself is oneself, is oneself, is oneself, is oneself...

Teologías y teoremas que nos matan y alimentan, teologías
y teoremas
Que nos matan y alimentan, material de perdedores, de
ambiciosos, de poetas.

Theologies and theorems that kill us and feed us, theologies
and theorems
That kill us and feed us, discipline of losers, of the
overambitious, of poets.

Invitación a la pesadilla

Volvamos a ser uno solo: los mismos en el dolor, los mismos en el olvido.

Volvamos a ser una tribu cercana a la peste, el acero y el miedo.

Juntemos de nuevo las manos en torno del fuego sagrado de un sueño.

Pero no porque lo digan tus ancestros. Los he visto: no son nada extraordinario,

No son nada extraordinario, no son nada extraordinario, no son nada extraordinario,

Debería repetir cuarenta veces "No son nada extraordinario". Te lo juro: ¡No son nadie!

Juntemos de nuevo los labios en torno del beso y el grito de un ángel caído,

Cualquiera, no importa, que vista talar de bacante o vestido de monja, ¡qué importa!

Pero no porque lo invoquen los pontífices. Los oigo: parlotean y babean,

Parlotean y babean, parlotean y babean, parlotean y se ensucian las sotanas.

Volvamos a ser una tribu cercana a la peste, el acero y el miedo,

Porque el necio pontifica como un cristo, porque el sabio balbucea como el río.

Regresemos a la hoguera donde ardieron las leyendas más lascivas y sangrientas.

Que nos narren nuevamente aquellos mitos donde el hijo mata al padre, donde el padre come al hijo,

Invitation to the Nightmare

Let us go back to being one: one in the pain, one in the
oblivion.
Let us go back to being a tribe close to pestilence, to steel
and to fear.
Let us once more join our hands together around the sacred
fire of a dream.
But not because your ancestors say so. I've seen them: they
are nothing extraordinary,
They are nothing extraordinary, they are nothing
extraordinary, they are nothing extraordinary,
I ought to repeat it forty times "They are nothing
extraordinary." I swear to you: They are no one!

Let us once more join our lips around the kiss and the cry
of a fallen angel,
Any angel, it matters not, wearing the robes of a bacchante
or dressed as a nun; what does it matter!
But not because they invoke the pontiffs. I hear them: they
ramble and slobber,
Ramble and slobber, ramble and slobber, ramble and sully
the sheets.
Let us go back to being a tribe close to pestilence, to steel
and to fear.
Because the fool pontificates like a christ, because the wise
man stammers like the river.

Let us return to the bonfire in which the bloodiest and most
lascivious legends burned.
May they once more narrate to us those myths where the
son kills the father, where the father eats the son.

Donde el hijo se amanceba, para ser su propio padre, con su madre, con su tía, con su abuela.

Que nos hablen los poetas nuevamente de los ritos que vencieron a la muerte.

Y cantemos, con gargantas de gigantes, que los simios domadores del relámpago y el trueno

Hemos vuelto de una larga caminata por los bosques de la magia, de la ciencia y la mentira.

Que nos mientan nuestros hijos, que nos digan que triunfamos, que nos juren que jamás se fue el verano…

Volvamos a ser una tribu cercana a la peste, el acero y el miedo.

Pero no porque tengamos entre manos el remedio de una nueva enfermedad,

Que ha nacido del cerebro de una vaca, del estómago de un cerdo, de la piel de una gallina.

Pero no porque llevemos a la lumbre aquella presa inagotable contra el hambre,

Que ha nacido del cerebro de una vaca, del estómago de un cerdo, de la piel de una gallina.

Retornemos a la cueva, porque el único sonido que se impone es el silencio.

Los demás son alaridos de placer, son gemidos de dolor o son bostezos.

Volvamos a ser uno solo: los mismos en el dolor, los mismos en el olvido.

Where to be his own father, the son cohabits with his
mother, with his aunt, with his grandmother.
May the poets once more speak to us of the rites which
vanquished death.
And we shall sing, with the throats of giants, that we, the
simian tamers of the lightening and the thunder
Have returned from a long trek through the forests of
magic, of science, and of falsehood.
May our children lie to us, may they tell us that we
triumphed, may they vow to us that the summer never
departed…

Let us go back to being a tribe close to pestilence, to steel
and to fear.
But not because we have in our hands the remedy for a new
disease,
Born out of the brain of a cow, out of the stomach of a pig,
out of the flesh of a hen.
But not because we take to the hearth that inexhaustible
prey against hunger,
Born out of the brain of a cow, out of the stomach of a pig,
out of the flesh of a hen.
Let us return to the cave, where the only sound imposed is
silence.
The rest are shrieks of pleasure, moans of pain, or yawns.
Let us go back to being one: one in the pain, one in the
oblivion.

Preguntas retóricas

¿Soy la bestia que se arroja voluntariamente al fuego de la pira
    funeraria?
¿Soy los turcos empalados por millares en lo feudos del vaivoda
    de Valaquia?
¿Soy los miles de mandingas esposados a los cascos de galeras
    holandesas?
¿Soy los miles de mitayos asfixiados en las minas de la casa de
    los Austrias?
¿Soy el perro fiel, asesinado por su amo, en los festines culinarios
    de la China?
¿Y si tengo ese mismo remedio de todos los dioses y todos los
    hombres?

Pobres de los hombres, cuyas hembras no se limpien los
    hedores de su duelo.
Pobres de las hembras, cuyos machos se empecinen en los
    ritos de su duelo.
Porque como y porque bebo, nada más y nada menos, que
    aquella misma sombra
Y aquellas mismas luces que nos matan y alimentan: los
    silencios, las palabras,
De los santos miserables que saludan desde el púlpito a la
    plebe embrutecida.
¿Y soy de la misma materia de todos los dioses y todos los
    hombres?

Aclara tus dudas de nuevo, hermenéutico-simio, mamífero-
    insecto.
¿Qué harías tú para aplacar la neurastenia de los dioses más
    antiguos?

Rhetorical Questions

Am I the beast that willingly casts itself into the funeral
   pyre?
Am I the Turks impaled in scores in the fiefdoms of the
   voivode of Wallachia?
Am I the thousands of mandingas cuffed to the hulls of
   Dutch galleys?
Am I the thousands of *mitayos* asphyxiated in the Hapsburg
   mines?
Am I the faithful dog, murdered by its master, in the
   Chinese culinary festivities?
And if I have the same recourse as all the gods and all the
   men?

Woe be of the men, whose females do not clean the stenches
   of their grief.
Woe be of the females, whose males insist upon the rituals
   of their duel.
Because I eat and because I drink, nothing more and nothing
   less, than that same shadow
And those same lights that kill us and feed us: the silences,
   the words,
Of the miserable saints that salute the stupefied masses
   from the pulpit.
And am I of the same material as all the gods and all the
   men?

Clarify your doubts once more, hermeneutic-simian,
   mammal-insect.
What would you do to placate the neurasthenia of the most
   ancient gods?

¿De qué extraña atrocidad te servirías por vivir un minuto, unas
   horas de más?
Pero no en el Agua, pero no en el Fuego, pero no en el
   máximo Trueno,
Porque aquello que consigo en la palabra y el silencio, en la
   palabra y el silencio, en la palabra...
Apenas lo poseo, lo abandono en el umbral de la memoria
   y el olvido.

Of what strange atrocity would you avail yourself to live a
minute, a few hours more?
But not in the Water, but not in the Fire, but not in the
highest Thunder,
Because that which I obtain in the word and the silence, in
the word and the silence, in the word...
I scarcely possess, I abandon upon the threshold of memory
and oblivion.

Llamado a la tribu

Volver al eco. Volver al habla. Volver a balbucear es liberarse
de este karma.

Te aprisiona el deseo de un dios que se oculta en la sangre
reseca de un muerto.

Esta lengua no es concreta. Es una lengua disoluta que
extorsiona tus sentidos.

Te seducen las piernas abiertas de un ángel lascivo, goloso,
asesino, perfecto.

Esta lengua es un saber, es un sabor, es un martillo
desabrido. Es un confite.

Fonética desnuda, la locura del poema que se niega a ser él
mismo, por él mismo:

Observa lo que te pasa si te acarician estos incendios, estos
sonidos.

El carnicero es inevitable, al menos que seas un ciego, al
menos que seas un necio.

Este ciego y este necio que acarician tus palabras con la miel
de su flagelo.

¿De qué color serán tus ojos, donde anidan las texturas de las
sombras?

Pero no tu propia sombra, que los ciegos y los necios no
distinguen entre sombras.

Observa lo que sucede si te acarician estas ventiscas, estas
canciones.

Percibir este momento es aprender a hacer silencio, silencio,
silencio…

Pero ahora balbuceo, envejecido de entusiasmo: ¡Viva el
barco, surque el barco!

Call to the Tribe

Go back to the echo. Go back to the speech. Go back to
babbling to be free from this karma.
You're imprisoned by the desire of a god who hides in the
dried-up blood of a corpse.
This language is non-concrete. It is a dissolute language
that extorts your feelings.
You are seduced by the spread legs of a lascivious, greedy,
murderous, perfect angel.
This language is wisdom, a flavor, an insipid hammer. It's
candy.
Naked phonetic, the madness of the poem which itself,
refuses to be itself:

Observe what happens if you are caressed by these fires,
these sounds.
The butcher is inevitable, unless you are blind, unless you
are dumb.
This blind man and this dumb man who caress your words
with the honey of their whip.
What color might their eyes be, where do the textures of the
shadows nest?
But not your own shadow, for the blind and the dumb do
not distinguish between shadows.

Observe what occurs if you are caressed by these blizzards,
these songs.
To perceive this moment is to learn to be silent, silent,
silent...
But now I babble, aged by enthusiasm: Long live the ship,
plow forth the ship!

Pero ahora trastabillo, enmohecido por la flor, que es esta flor, que es toda flor.

Y digo flor, como ya digo cumplimiento, mastodonte, libertades, pestilencia…

Observa lo que te pasa si te acarician otras aguas, otras hienas, otros asnos.

Percibir este momento es aprender a hacer silencio, silencio, silencio…

Yo también era locuaz, hasta que obtuve el don del habla, bla bla bla bla…

Y digo flor, como ya digo sentimiento, mortecina y, nuevamente, libertad…

Observa lo que te pasa si te acaricia este silencio, todo silencio, cualquier silencio:

Volver al eco, volver al habla. Volver a pronunciar la primera palabra, bla bla bla…

But now I stutter, made moldy by the flower, which is this
flower, which is every flower.
And I say flower, as I say observance, mastodon, freedoms,
pestilence…

Observe what happens if you are caressed by other waters,
other hyaenas, other asses.
To perceive this moment is to learn to be silent, silent,
silent…
I was also loquacious, until I obtained the gift of speech, bla
bla bla bla…
And I say flower, as I say feeling, powerless and, once
again, freedom…
Observe what happens if you are caressed by this silence,
all silence, any silence:
Go back to the echo, go back to the speech. Go back to
pronouncing the first word, bla bla bla…

Huesos de hada

Para mi hija, Clara Isabel

Sólo porque lo deseé, una mariposa apareció al instante
Marosa di Giorgio

1

Para verte nacer he nacido, pensaba, y apenas nací con el
día que empieza.
Y has nacido sin mí, sin mi nombre, mi voz ni mis manos
que tiemblan y escriben.
Para verte nacer he nacido, creía, porque antes de verte mi
oído y mi lengua
Vivían muy lejos, porque eran de un mar y porque eran de
un viento y porque eran de un fuego
Que solamente convivían en los sueños, donde el dios es
más feroz que tu silencio.
Ahora tengo tu sonido repujado sobre el vientre de tu
madre, que jamás te habría parido.

¿Concepción? ¡Así dijo el mensajero de los dioses que reinaron
en la fe de mi familia!
Que conciba la Virgen que no requirió de varón para darle
a la Historia trillones de muertos.
Que conciban las Ciegas que no necesitan de vista y destejen
la vida del alma y el cuerpo.
¡Concepción! ¡Concepción! Que conciban las bestias que gimen,
rebuznan y gozan del celo.
¿Concepción? No del Cielo ni el Mundo, que yo te encontré como
un dios cuando dijo:
Deseo mirarme en los ojos de un otro, un ajeno... Y así, se
encontró con él mismo.

Fairy Bones

For my daughter, Clara Isabel

Only because I wished it, a butterfly instantly appeared
Marosa di Giorgio

1

To see your birth I was born, I thought, and I was just born
  with this new day.
And you arrived without me, without my name, my voice
  or my hands that tremble and write.
To see your birth I was born, I believed, because before I
  saw you my ear and my tongue
Lived far away, because they were of a sea and because they
  were of a wind and because they were of a fire
That only coexisted in dreams, where the god is more
  ferocious than your silence.
Now I have your sound embossed upon the womb of your
  mother, who never would have birthed you.

Conception? So spoke the messenger of the gods who
  reined in my family's faith.
Let the Virgen conceive, who needed no male to give
  History millions of dead.
Let the Blind conceive, who have no need for sight and
  forsake the life of the soul and the body.
Conception! Conception! Let the beasts conceive, who
  howl, bray and enjoy being in heat.
Conception? Not of the Heavens nor the Earth, I found you
  like a god when he said:
I wish to see myself in the eyes of another, an other... And
  thus, he came upon himself.

2

Para verte nacer yo nací, pretendía, mi niña, y apenas nací
con el día en que llegas.

Y he llegado a contemplarte florecer: Soy una abeja que
agoniza envenenada de otra flor,

Tan distinta de la miel de aquel panal donde creció y al que
sirvió con su sicosis vegetal.

Mi colmena se deshace: Llega el tiempo de migrar y de
fundir en otras manos otras ceras.

Eres hada de nombre solar y tus alas ardientes inventan el
viento que seca estas tintas,

Materiales similares a mi sangre. Y es tu nombre lo primero
que mis venas han de ver

Sobre mi piel, como una fístula que va desde mi lengua
hasta mis manos.

Este poema es un tatuaje que congela mi alegría, porque
dicta que no puedo pestañear.

Porque tengo este terror de que te vayas cuando deje de
mirarte y no amanezca.

Y deba esperarte de nuevo otra noche de miles de estrellas
oscuras y heladas.

¿Para verte nacer he nacido? ¡Quería creerlo! Y apenas nací con
el día que acaba.

Porque he nacido para ver cómo te posas en la piedra de mi
nombre… Y te levantas.

2

To see your birth I was born, I hoped, my child, and I was
    just born with the day on which you arrive.
And I have arrived to watch you bloom: I am a dying bee
    poisoned by another flower,
So different from the honey in the honeycomb where it grew
    up and which it served with its vegetable psychosis.
My hive disintegrates: The time to migrate and to melt
    other waxes in other hands has arrived.
You are a sun-named fairy and your burning wings create
    the wind that dries this ink,
Material like my blood. And it is your name that my veins
    shall first see
Upon my skin, like a fistula running from my tongue to my
    hands.

This poem is a tattoo that freezes my joy, because it dictates
    that I cannot blink.
Because I hold this terror that you may go when I take gaze
    from you and dawn will not arrive.
And I must wait for you once more through another night
    of thousands of dark and icy stars.
Was I born to see your birth? I wished to believe so! And I
    was just born with the fading day.
Because I was born to see how you alight upon the stone of
    my name… And you take flight.

Poema comunicativo, de la emoción o la experiencia, en contra de un crítico literario (escrito en 15 minutos)

Préstame tus párpados, Clara Isabel.
Préstame tus párpados y tus pestañas larguísimas.
Préstame el modo en que me miras, para mirar de esa manera el mundo.
Préstame un pedazo de tus ojos, para mutilar mi mirada deforme,
Para dejarla entre los escombros de una vida pasada,
De una vida que quisiera hubiera muerto para siempre,
Pero que siempre me acompaña, como una cicatriz mal curada,
Como una herida interna que supura nombres prohibidos o impronunciables,
Que ha recibido tanto odio gratuito, tanta envidia barata.

Préstame el modo en que pestañeas cuando te cansas de mirarme,
Para ver si puedo cansarme de mirar este mundo perfecto,
Que tantas veces me escupe en la cara,
Que tantas veces me impide mirarte.
Préstame tus párpados, Clara Isabel,
Como se prestan un par de gafas recién compradas,
Como se presta la bandera de la nación o el apellido de los abuelos,
Como se presta juramento ante el tribunal de la muerte…

¡Pero qué estupideces te digo, mi hijita querida!
Como si el cuerpo propio se pudiera prestar de alguna manera,
Como si el propio cuerpo no fuera también algo ajeno,
Como si tú pudieras ser mía o de cualquier otro…

Communicative Poem, Sentimental or Experiential, Against a Literary Critic (written in 15 minutes)

Lend me your eyelids, Clara Isabel.
Lend me your eyelids and your long eyelashes.
Lend me the way you look at me, to look at the world in
     that way.
Lend me a piece of your eyes, to mutilate my deformed
     gaze,
To leave it among the debris of a past life,
A life that I wished had died forever,
But which always accompanies me, like a poorly-healed
     scar,
Like an inner wound festering with forbidden and
     unpronounceable names,
Which has received so much free hate, so much cheap envy.

Lend me the way you blink when you tire of looking at me,
To see if I can tire of looking at this perfect world,
Which so many times has spit in my face,
Which so many times has prevented me from seeing you.
Lend me your eyelids, Clara Isabel,
Like a pair of recently-bought sunglasses,
Like the flag of a nation or your grandparents' surname,
Like an oath before the court of death...

But of what silliness do I speak to you, my dear child!
As though the body itself could somehow be lent,
As though the body itself were not also something foreign,
As though you could be mine, or anyone else's...

Estas palabras tan pobres, pequeña, las digo temblando,
Porque he confundido el amor con la angustia,
Porque un cerdo en la esquina se desgañita insultándome,
De camino al camal del olvido y la sombra,
Sin apenas conocerme, sin apenas escucharme, sin apenas
    comprender
Apenas una letra de mi vómito y mi voz,
Que son lo mismo. Y me dio miedo
De ser un cerdo también y morirme mañana,
Sin pedirte que me prestes el lugar de donde miras
El lodazal de incomprensiones, mi Clara Isabel,
Que abona esta tierra
               En que floreces…

(Quito, martes 6 de agosto de 2013, entre las 20h45 y las 21h00)

These impoverished words, little one, I say them to you
  trembling,
Because I have confused love with angst,
Because a pig on the corner cries itself horse insulting me,
On the path to the slaughterhouse of oblivion and shadow,
Without even knowing me, without even listening to me,
  without even understanding
So much as a letter of my vomit and my voice,
Which are the same. And I was afraid
Of also being a pig and of dying tomorrow,
Without asking you to lend me the place from which you see
The quagmire of incomprehension, my Clara Isabel,
Which fertilizes this earth
                    In which you flourish…

(Quito, Tuesday, March 6th of 2013, between 8:45 pm and 9:00 pm)

Poema hermético, del lenguaje o la complejidad, en contra de un crítico literario (escrito en algo más de 39 años)

Alegorías van, alegorías vienen.
Como el santo y seña que gritó el inquisidor en el umbral
de la mazmorra:
¡A torturar, se ha dicho, corderitos, a torturar!

Alegorías van, alegorías vuelven.
Como el diablo-esquizo que no quiso confesar que ratas
van y ratas vienen
Del portal de los Belenes: ¡Torturar, mis corderitos, torturar!

Hoy se cumplen 70 años del lanzamiento de la bomba
nuclear sobre Hiroshima…
Sí, querido lector, este poema que usted lee
Se puede clasificar como poesía sentimental:

¡A leer, mis corderitos, a leer!
Y no me diga, usted, que no se lo advertí…

(Quito, 2 de junio de 1976-Ámsterdam, 6 de agosto de 2015)

Inscrutable Poem, of Language or Complexity, Against a Literary Critic (written in just over 39 years)

Allegories come, allegories go.
Like the watchword cried by the inquisitor upon the
    threshold of the dungeon:
Let us torture, little lambs, let us torture!

Allegories come, allegories go.
Like the schizoid-devil who didn't want to confess that rats
    come and rats go
From the Nativity scenes: Torture, my little lambs, torture!

Today marks 70 years since the dropping of the nuclear
    bomb over Hiroshima…
Yes, dear reader, this poem that you read
Can be classified as sentimental poetry:

Let us read, my little lambs, let us read!
And don't dare to tell me that you were not warned…

(Quito, June 2nd of 1976 – Amsterdam, August 6th of 2015)

Carta de intención

Mis nuevos arrebatos ya no son otro poema, porque son
   una sentencia y una cólera, un abismo.
Abismo de otros mares de certeza, que los dueños y señores
   de mi patria desconocen,
Que sus siervos sirven, que los ciervos pastan, que los
   pastos brotan, que los brutos beben.
Abismos semejantes al olvido: la serpiente recelosa de su
   propia sombra, de su propia noche.
Abismos semejantes a la noche, que es cualquier noche y es
   esta misma noche,
Porque toda noche es definitiva, porque es una cólera,
   porque es un abismo,
Aunque se parezca demasiado a este poema, aunque sea
   este mismo maldito poema.

Mis nuevas ambiciones ya no son otro poema. Son quizás el
   hallazgo de amor absoluto.
Absoluto como el fin de la tormenta, de cualquier tormenta,
   de esta misma lluvia,
Porque las tormentas se parecen al amor, según me han
   dicho quienes reptan por los sueños.
Según pregonan los curanderos con sus misterios, con sus
   promesas, con sus mentiras,
Con sus palabras, que suenan despacio, que no dicen nada,
   que saben tan dulce...
Según dicen los que pueden saborear esas palabras,
   cualquier palabra, estas mismas palabras.

Mi nuevo dilema ya no es un poema, aunque fue un
   cataclismo del cuerpo,
Como cientos de soldados fallecidos en batalla, que deciden

Letter of Intent

My new outbursts are no longer poems, because they are a
    sentence and a fury, an abyss.

Abyss of other seas of certainty, unknown by the owners
    and lords of my land,

That their servants serve, that the deer graze, where the
    pastures sprout, where the ignorant imbibe.

Abysses like oblivion: the serpent suspicious of her own
    shadow, of her own name.

Abysses like the night, which is any night and this same
    night,

Because every night is definitive, because it is a rage, because
    it is an abyss,

Although it is far too similar to this poem, although it is this
    same damn poem.

My new ambitions are no longer poems. Perhaps they are
    the finding of absolute love.

Absolute like the end of the storm, of any storm, of this
    same Rain,

Because storms are like love, as I have been told by those
    who crawl through dreams.

As announced by healers with their mysteries, with their
    promises, with their lies,

With their words, which sound slowly, which say nothing,
    which taste so sweet…

As said by those who can taste those words, any word, these
    same words.

My new dilemma is not a poem, although it was a cataclysm
    of the body

Like hundreds of soldiers fallen in battle, who decide to

sepultarse con sus manos,

Con sus propias manos, con las mismas manos que se escriben versos y se limpia mierda,

Con las mismas manos que se nutre el cuerpo, que se arranca vida.

Mi otra pregunta ya no es un poema, porque es una voz que en las noches escucho,

Cuando salen del océano las nereidas, las ondinas, las oceánidas, las putas...

Porque todas las nereidas prostituyen su presencia en los poemas,

Porque todos los poemas justifican su presencia con preguntas y dilemas,

Parecidos al deseo, parecidos a la sangre, parecidos a ellos mismos.

Porque todos los poemas, o son quejas, son gemidos o son partos.

Mis nuevos arrebatos ya no son otro poema, porque son una sentencia y una cólera, un abismo,

Porque todo este poema, que se precia de sí mismo, se desdice, se restringe y se retracta.

Como el amor, que se pierde o se regala, y de absoluto solo tiene estas palabras:

Miedo, que es olvido; olvido, que es poema; poema, que ya enmudece, poema que ya se calla...

bury themselves with their own hands,

With their own hands, with the same hands that write
verses and clean shit,
With the same hands that nurture the body, that uproot life.

My other question is not a poem, because it is a voice that I
hear by night,
When the nereids, the water nymphs, the potamoi, the
whores, arise from the ocean...
Because all the water nymphs prostitute their presence in
poems,
Because all poems justify their presence with questions and
dilemmas,
Like desire, like blood, like the poems themselves.
Because all poems are complaints, or they are moans or
births.

My new outbursts are not poems, because they are a
sentence and a fury, and abyss.
Because all of this poem, which appreciates itself, retracts
itself, restricts itself and takes itself back.
Like love, which is lost or given away, and of the absolute
has only these words:
Fear, which is oblivion; oblivion, which is poem; poem,
which now falls silent, poem which now ceases...

A la república platónica

Retoñar es tan difícil cuando el mundo ha sido piedra sobre
piedra, sobre piedra, sobre piedra, sobre…
Que prefiero detenerme en el despojo de las hojas, de las
ramas y el capullo,
Y guardarme para nuevas aventuras, en secreto, entre la
savia y la corteza.
Y digo "la corteza", "los capullos", estas "ramas", los
"secretos", otras "hojas" y la "savia", siempre sabia,
Porque digo estas palabras tan manidas, tan antiguas, tan
perplejas de sí mismas,
Porque digo las palabras que le apestan al letrado *nazareno*,
post-punk o *posmoderno*.
Florecer es tan inútil cuando el mundo ha sido polvo sobre
polvo, sobre polvo, sobre polvo, sobre...

De estos temas discutimos los granjeros del silencio, los
dotados de soberbia
Suficiente pa' plantar esta amapola en la mañana y en la
noche desmontarla,
Pues de nuevo en la mañana la sembramos y en la noche la
talamos,
Y de nuevo en la mañana nos vestimos de narciso, de
onanismo, de presagio,
Y en la noche nos podamos, nos talamos, nos rasgamos la
camisa del orgullo,
Cuando el mundo es incapaz de concedernos un pedazo de
terreno cultivable,
Y nos niega el privilegio de sembrar entre las nubes las
semillas de la lluvia.
De estos gremios de farsantes está lleno el territorio de la
duda: de escribanos.

To the Platonic Republic

Sprouting again is so difficult when the world is in fact
     stone upon stone, upon stone, upon stone, upon…
That I prefer to pause in the fodder of the leaves, of the
     branches and the bud.
And keep myself for new, secret adventures among the sap
     and the bark.
And say "the bark," "the buds," these "branches," the
     "secrets," other "leaves" and the "sap," ever sage,
Because I say these words, so overused, so ancient, so
     perplexed by themselves,
Because I say the words that reek to the learned *Nazarene,*
     post-punk or *postmodern.*
Blooming is useless when the world is in fact dust upon
     dust, upon dust, upon dust, upon…

We farmers of silence discuss these topics, gifted with
     sufficient
Arrogance to plant this poppy in the morning and dismantle
     it by night,
Since in the morning we'll again plant it and by night tear
     it down,
And once again in the morning we'll dress ourselves as
     narcissus, as onanism, as omen,
And by night we prune ourselves, we chop ourselves down,
     we rip our shirts in pride,
When the world is unable to grant us a piece of cultivatable
     land,
And denies us the privilege of planting the seeds of the rain
     among the clouds.
It is these deceitful guilds of scribes who occupy the
     territory of doubt.

Vociferan, vapulean, se disputan las miserias del poder y la
arrogancia, y de la fama.
Y son ellos mismos la piel en curtiembre que infecta de
hedor la morada del débil.
Pero son ellos mismos el débil, la piedra, las hojas, las
ramas, la savia y el polvo.
Cuando el mundo ha sido pasto de canallas como aquellos,
es cansino florecer,
Es tan absurdo retoñar, cuando la lengua del poeta no es
guadaña que cercene
Las batutas del que ordena, del que ordeña, desde el púlpito
o la cátedra, el dolor
De los plebeyos, de las ubres del terror, la sumisión o la
vergüenza.

Y no me digan, miserables, que una sola de sus rimas ha
salvado alguna vida,
Además del propio cuerpo, el propio centro, el propio
túmulo de huesos,
El propio espíritu vencido que utilizan para armar sus
fechorías de saliva.
De su gremio de farsantes está lleno el territorio de la duda:
lenguaraces,
Escribientes, oradores, sermoneros, suspicaces, inmolados
artesanos del sigilo.
Y dicten estas leyes y sancionen este grito. No seremos
servidumbre de su miedo.

Cuando el mundo ha sido piedra sobre piedra, ha sido
piedra sobre piedra, ha sido…
Solo queda marchitarse, desecarse, derrumbarse y dejarse
llevar por el polvo.

They vociferate, pass harsh critiques, the miseries of power
and arrogance and fame are disputed.

And they are the tanning hide that infests the dwelling of
the weak with its stench.

But they are the weak, the stone, the leaves, the branches,
the sap and the dust.

When the world is in fact the pasture for swine such as
these, flowering is tiresome,

Sprouting again is so absurd, when the poet's tongue is not
a scythe that amputates

The baton of the one who orders, of the one who ordains
-from pulpit or podium- the pain

Of the masses, of the udders of terror, submission and
shame.

And do not tell me, wretches, that so much as one of your
rhymes has saved a life,

In addition to the body itself, the center itself, the very
burial mass of bones,

The defeated spirit that you use to mount your villainy of
saliva.

It is these deceitful guilds who occupy the territory of doubt

Clerks, orators, sermonizers, cagey doubters, sacrificed
craftsmen of slyness.

And they dictate these laws and sanction this cry. We shall
not be servants of their fear.

When the world is in fact stone upon stone, is in fact stone
upon stone, is in fact...

All that is left is to whither, to dry up, to collapse and to be
taken by the dust.

Sin embargo, es un regalo del azar la maquinaria de esta flor, esta parodia de la noche.

Sin embargo, es un prodigio del azar haberlos visto lloriqueando como mulos mutilados, como reyes sin aureola.

Disfrutemos la embriaguez de haber nacido para el agua de las llamas, para el aire de la tierra, para el fuego de los mares.

Y retoñemos, retoñemos, retoñemos, y digamos las palabras que incomodan al que calla, que incomodan como "flores", que incomodan como "espinas", que incomodan como "verso", como "pájaro" y "poema".

But the machinery of this flower, this parody of night, is a gift of chance.

However, it is a marvel of chance to have seen them whimpering like mutilated mules, like kings without halos.

Let us delight in the intoxication of having been born for the water of the flames, for the air of the earth, for the fire of the seas.

And we shall sprout again, sprout again, spout again, and speak the words that disturb he who stays silent; that disturb like "flower," that disturb like "thorns," that disturb like "verse," like "bird" and "poem."

Monumentos carcelarios

Nos mintieron nuestros héroes, nos mintieron nuestros
    mártires y próceres.
Inventaron esos himnos, inventaron las naciones, inventaron
    geografías.
Inventaron las banderas percudidas con su sangre, que
    inventaron por la guerra.
Miro los templetes, las estatuas del terruño, recubiertos con
    estiércol de palomas.
Toda patria es pasajera, pre-santuario, proto-infierno, limbo
    eterno...

Ruge el río de la muerte en las pupilas del que observa
    nuestros campos de batalla:
Las ficciones de la Historia Nacional, de los Destinos
    Manifiestos, de los dogmas
Del que apura la bebida venenosa de las copas de los padres
    fundadores.
Conocí a mis abuelos, conocí a mis ancestros: no son nada
    extraordinario,
No son nada extraordinario, no son nada extraordinario, te
    lo juro: ¡no son nadie!
Toda patria es pasajera, pre-santuario, proto-infierno, limbo
    eterno...

La alternancia del aliento y el silencio, del aliento y el
    silencio, del aliento y el...
Me recuerda que en los mármoles inertes yace el frío
    corazón de la memoria.
Nos impone los estigmas de los santos, que ya fueron o
    serán becerros de oro,
O ecuménicos prelados de la bruma, pies de plomo, pies de
    barro, pies del humo.

Prison Monuments

Our heroes lied to us, our martyrs and our great leaders.
They invented these hymns, they invented the nations, they
    invented geographies.
They invented the blood-sullied flags that they invented for
    the war.
I look upon the shrines, the statues of the homeland,
    covered in pigeon dung.
Every homeland is fleeting, pre-sanctuary, proto-inferno,
    eternal limbo…

The river of death roars in the pupils of he who observes
    our battle fields.
The fictions of the National History, of the Manifest
    Destinies, of the dogmas
Of he who finishes off the founding fathers' poisoned cups.
I met my grandfathers, I met my ancestors: they are nothing
    extraordinary,
They are nothing extraordinary, they are nothing
    extraordinary, I swear to you: they are no one!
Every homeland is fleeting, pre-sanctuary, proto-inferno,
    eternal limbo…

The alternation of breath and silence, of breath and silence,
    of breath and...
Reminds me that the cold heart of memory lies in the inert
    marble sculptures.
They impose upon us the stigmas of the saints, who already
    were or will be golden calves,
Or ecclesiastical prelates of the brume, feet of lead, feet of
    clay, feet of smoke.

Toda patria es pasajera, pre-santuario, proto-infierno, limbo
    eterno…

Cada brillo, cada huella, cada mínimo relámpago de sílice
    en las dunas,
Cada grano de esta arena es un murmullo que compone la
    borrasca de la fe.
Cada hilo y cada hebra de esta soga que nos ata a los
    recuerdos heredados,
Nos impide despegar con entusiasmo, desatarnos del terror
    de ser fragmentos,
Nada más y nada menos que fragmentos de la risa, que
    fragmentos de la angustia.
Toda patria es pasajera, pre-santuario, proto-infierno, limbo
    eterno...

Every homeland is fleeting, pre-sanctuary, proto-inferno, eternal limbo...

Each brilliance, each trace, each faintest quartz lightning bolt in the dunes,
Each grain of this sand is a murmur that composes the squall of faith.
Each thread and each strand of this noose that binds us to inherited memories,
Prevents us from eagerly taking wing, from breaking loose from the fear of fragmentation,
Nothing more and nothing less than fragments of laughter, fragments of anguish.
Every homeland is fleeting, pre-sanctuary, proto-inferno, eternal limbo...

Consejos a una joven poeta

¿Soñar hasta que los párpados se desprendan de los ojos, soñar
hasta que los ojos se desprendan de la mirada?
¿Mirar tan profundamente que la piel deje los huesos, mirar tan
profundamente que los huesos se hagan alma?
¿Estas son las ambiciones de tu cuerpo, sometido a los rigores de
la carne? ¿Así de elegantes, así de teatrales?
¡No has dormido ni una vez en el desierto del Sahara o en
los páramos helados de los Andes,
Ni en la estepa siberiana ni en las cumbres pirenaicas ni en
los riscos del Cañón del Colorado!
Este cuerpo tiene miedo de ser libre, tiene miedo de ser
fuerte, tiene miedo de llorar de la alegría.
Nunca más las carabelas de Colón, de Magallanes, ni los
bunkers donde, un día, ciertos rusos inventaron el
Sputnik.

Quédate en tus huesos, retorcida marioneta. Reconoce que
tu armario está repleto de armaduras oxidadas.
Reconoce que los sables de tu casta son estériles cuchillos
de cocina, cucharillas para untar la mantequilla.
"Mirar tan profundamente que la piel deje los huesos",
¡qué macabra y pavorosa alocución!
"Mirar tan profundamente que los huesos se hagan alma",
¡qué homilía santurrona, qué sermón de caramelo!
Quédate en tu carne, compungido monigote. Reconoce
que la cepa de tu estirpe, con tu fruto sin semilla,
languidece.
Acepta de una vez que la extinción ya te llegó, mi presumido
orangután de este alegórico bestiario.
Y sueña hasta que tus párpados se desprendan de tus ojos,
y sueña hasta que tus ojos se desprendan de tu mirada.

Advice to a Young Poet

To dream until your eyelids detach from your eyes, to
    dream until your eyes detach from your gaze?
To stare so deeply that your skin leaves the bone, to stare so
    deeply that your bones become soul?
Are these your body's ambitions, submitted to the rigors of
    the flesh? So elegant, so theatrical?
Not once have you slept in the Sahara Desert or in the
    frozen Andean paramos,
Nor on the Siberian steppe nor on the summits of the
    Pyrenees nor on the cliffs of the Colorado Canyon!
This body is afraid to be free, afraid to be strong, it afraid of
    crying out for joy.
No more the caravels of Columbus, of Magellan, nor the
    bunkers where, one day, certain Russians invented the
    Sputnik.

Stay in your bones, twisted puppet. Recognize that your
    closet is filled with rusty weapons.
Recognize that the sabers of your lineage are sterile kitchen
    knives, butter-spreading spoons.
"To stare so deeply that your skin leaves your bones," what
    a macabre and dreadful allocution!
"To stare so deeply that your bones become soul," what a
    holier-than-thou homily, what a saccharine sermon!
Stay in your flesh, sorrowful ragdoll. Recognize that your
    stock's lineage, with your seedless fruit, languishes.
Accept once and for all that for you, extinction has already
    arrived, my arrogant orangutan in this allegorical
    bestiary.
And dream until your eyelids detach from your eyes, and
    dream until your eyes detach from your gaze.

Teoría sobre el canibalismo

Lo sabemos desde el seno de la madre: La primera
  prohibición no es el incesto.
La primera prohibición es no tocar ante el espejo nuestros
  propios genitales,
Y nombrar a los fantasmas, sometidos en los nombres,
  sometidos en el canto;
Y llorar con las baladas del acaso, del ocaso, de la duda, de
  los dados…

Quisiera haber sido una estrella de rock, tú lo sabes,
  madrastra querida,
Madre vanidad, madre estulticia, madrecita lapidada por la
  roca de una iglesia.
Quisiera haber sido un huracán, pero la tristeza llega
  siempre muy temprano.
El corazón madruga a cumplir su tarea, pero las pausas del
  terror son sempiternas…

"Sempiternas", palabra rebuscada, dice el idiota que lee
  poesía en voz alta.
Altavoz, juego de palabas, dice el sordo que canta borracho
  a capela.
Capitular y rendirse, similares estados de conciencia,
  cobardes gemelos.
Vamos a llorar con las baladas del acaso, del ocaso, de la
  duda, de los dados…

El caballo ineludible de la sangre se derrama en este
  hipódromo de hielo.
Hagan sus apuestas, caballeros, que las bestias gimotean
  sobre el hueso.

Theory Regarding Cannibalism

We know it from our mother's womb: the first prohibition
    is not incest.
The first prohibition is not to touch our genitals before the
    mirror,
And to name the ghosts, subdued in names, subdued in
    song;
And to cry with the ballads of the dawn, of the doubt, of the
    dice, of the perhaps...

I would have liked to be a rock star, you know it, dear
    stepmother,
Mother vanity, mother foolishness, dear mother stoned by
    the rock of a church.
I would have liked to be a hurricane, but the sadness always
    arrives too early.
The heart gets up early to fulfill its task, but terror's pauses
    are eternal...

"Eternal," a pretentious word, says the idiot who reads
    poetry aloud.
Loudspeaker, play on words, says the deaf man who
    drunkenly sings a cappella.
Capitulate and surrender, similar states of conscientiousness,
    twin cowards.
 And to cry with the ballads of the dawn, of the doubt, of
    the dice, of the perhaps...

The inescapable horse of blood spills out on this racetrack
    of ice.
Place your bets, gentleman, for the beasts are whimpering
    upon the bone.

Hagan sus apuestas, cortesanas, que los brutos lloriquean
   bajo el suelo.
Todos somos calaveras recubiertas de constancia, pero el
   calcio se deshace con el tiempo.

Truena el hambre en las paredes de las aguas, que se beben
   las gaviotas.
Pulsa el miedo en los recintos de las venas, que colapsan
   con el viento de la edad.
Sin embargo, cantamos; sin embargo, reímos; aunque el
   juego se termine con la misma cantaleta:
Con la pista vacía, el cantante temblando y la orquesta
   dormida en escena.

Lo sabemos desde el seno de la madre: la primera
   prohibición no es el incesto.
Es solo un modo de decirnos que jamás regresaremos a
   dormir en la placenta.
Cantemos, pues, estas baladas del acaso, del ocaso, de la
   duda, de los dados...

Place your bets, courtesans, for the brutes are whining
beneath the ground.

All of us are skulls coated with resolve, but the calcium
dissolves over time.

Hunger thunders in the walls of the waters, which the gulls
drink.

Fear throbs in the enclosure of the veins, which collapse
with the wind of age.

And yet, we sing; and yet, we laugh; even if the game ends
with the same repetitive song.

With the floor empty, the singer trembling and the orchestra
asleep on the stage.

We know it from our mother's womb: the first prohibition
is not incest.

It is just a way to tell us that we will never return to sleep
in the placenta.

Let us sing, then, these ballads of the dawn, of the doubt, of
the dice, of the perhaps…

Pesadilla populista

Para hablarte nuevamente del amor, yo restituyo otro
discurso semejante:
Decir amor es comprarte certezas, pero jamás pronunciar
la verdad.
De inmediato, te acorralan mil canciones parecidas al balido
de las cabras.
Y las cabras se alimentan de las flores que sembramos los
hermanos de los lobos.
Y es que aullamos y gemimos, pero el perro come gato,
pero el gato come rata,
Pero nadie acude al llanto, ni siquiera las matronas que
vigilan a sus hijas parturientas…

Para hablarte nuevamente del amor, yo restituyo otro
discurso equivalente:
Hablar de amores es mostrarnos demagogos, pero nunca
"comportarnos" de verdad.
De inmediato, te acorralan estos cuerpos de extrañeza
inadmisible: palabrotas,
Palabritas, palabrejas y canciones de payasos mutilados por
su oficio de apostar
El propio cuerpo en los casinos de la muerte, en los sufragios
donde rezan sus sermones
Los gurús de la nación: La democracia, la sevicia, las
palabras rebuscadas en los libros de las aguas…

Restituyo los discursos del pasado, para hablarte
nuevamente del amor:
"Vuela un ángel sobre el lago de los cisnes…" ¡Y un avión
en sobrevuelo lo asesina!

Populist Nightmare

To speak to you once more of love, I restore another like discourse:
To say love is to buy yourself certainties, but never pronounce the truth.
Immediately, you are corned by a thousand songs that resemble goats' bleating.
And the goats feed on the flowers that we, the wolves' brothers, plant.
And we howl and whine, but the dog eats cat, the cat eats rat,
But no one heeds the cries, not even the matrons watching over their daughters in labor…

To speak to you once more of love, I restore another equivalent discourse:
To speak of loves is to show ourselves as demagogues, but never truly "behave" ourselves.
Immediately, you are corned by these bodies of inadmissible oddness: swear words,
Sensitive words, strange words and songs of clowns mutilated by their trade of betting
The body itself in casinos of death, in the suffrages where the nations' gurus pray their
Sermons: Democracy, service, presumptuous words in the books of the waters…

I restore the discourses of the past, to speak to you once more of love:
"An angel flies over swan lake…" And a plane passing overhead murders the angel!

Y no digo me disgustan los espectros del pasado ni venero
    las catástrofes modernas,
¡Pero es tan hermoso el ingenio que halló la turbina a reacción!
Para hablar nuevamente de amor, recompongo monsergas,
    filípicas burdas y versos glacé.
Para hablar nuevamente de amor, sólo habrá que aceptar
    que el mayor plagiador del ingenio del hombre
Ha sido el patrón que se oculta detrás del poema y te pide
    perdón,
Y susurra, como mintiendo, como transando: ¡Psst, psst! Yo
    soy el Dios, tu Señor…

And I do not say that I dislike the specters of the past nor
    that I venerate modern catastrophes,
But how beautiful the ingenuity that discovered the reaction
    turbine!
To speak once more of love, I mend ramblings, makeshift
    harangues and glacé verses.
To speak once more of love, we must accept that the greatest
    plagiarist of man's ingenuity
Is in fact the pattern hidden behind the poem, which asks
    your forgiveness,
And whispers, as though lying, as though swindling: Psst!
    Psst! I am the God, your Lord…

Todo lo que dicen los trogloditas es perfecto

El cuerpo que se abandone a la gravedad caerá sobre la
tierra, si ninguna voluntad lo sostiene.

Quien se despide de este modo, ningún error comete,
ningún principio viola, ninguno de sus hijos nace
tuerto.

El cuerpo que combata la gravedad caerá sobre la tierra,
aunque una férrea voluntad lo sostenga.

Quien se despide de este modo, jamás pronuncia adioses, y
nunca se lamenta por la ausencia de sus muertos.

Cualquier esfuerzo que pretenda impedir su caída resultará
inútil, aunque una férrea voluntad lo sostenga.

Quien se despide de este modo, jamás confunde el odio con
la sorda anatomía del santuario de sus padres.

Cuando la tierra demanda aquello que le pertenece, ningún
alegato es suficiente. ¡Que ninguna voluntad nos
sostenga!

Quien se despide de este modo, se hace un cuerpo, un solo
cuerpo con el cuerpo macerado por el tiempo.

Una vez tendido en el suelo, el cuerpo, antes erguido, asume
la postura definitiva del cadáver, el rostro impasible
de la materia.

Quien se despide de este modo no es falaz ni verdadero,
acaso histórico o ficticio, pero siempre un solo cuerpo,
el propio cuerpo,

Que deshace la caída, que ejecuta la certeza, que negocia
con la estrella, con el padre, con el viento.

Everything Said by the Troglodytes is Perfect

The body that abandons itself to gravity will fall to the earth, if no will sustains it.

He who departs in this way, commits no error, violates no principal, none of his children are born one-eyed.

The body that fights gravity will fall to the earth, even if an iron will sustain it.

He who departs in this way, never utters good-byes, and never laments the absence of his dead.

Any effort to attempt to impede his fall will be futile, even if he is sustained by an iron will.

He who departs in this way will never confuse hatred with the deaf autonomy of his parents' sanctuary.

When the earth demands that which belongs to it, no plea is sufficient. May no will sustain us!

He who departs in this way, makes a body, a single body with the body macerated by time.

Once stretched out in the ground, the body -once erect- assumes the definitive posture of the corpse, the impassive countenance of matter.

He who departs in this way is neither fallacious nor truthful, perhaps historical or fictitious, but always a single body, the very body,

That undoes the fall, that executes the certainty, that negotiates with the star, with the father, with the wind.

Fotografía en sepia

La infancia, mi Alejandra, es como un miedo luminoso,
   pasajero, como todo, mucho miedo, Pizarnik.
Cualquier infancia es como lodo entre los dedos: ilumina
   los senderos de tu miedo con más miedo, pero es
   Miedo el apellido de lo dulce y lo feliz.
La distancia es el hogar de los olvidos, Alejandra. Tú te
   llamas como aquella confitura del recuerdo:
Fue mi novia de la infancia, la prohibida, por mayor. Me
   visitaba en los recreos, en el patio del jardín de los
   infantes.
Eras bella, colegiala enamorada. Y a escondidas, la perversa,
   me decía: "Solo un beso, como amigos". Era gorda y
   era rubia y era tonta.

Y es un miedo luminoso. Toda vida es terrorífico montaje
   de pavesas que se apagan en el tracto digestivo del
   recuerdo.
Alejandra regordeta, retorcida adolescente, que acudías
   con tu amiga a regalarnos chocolates y gaseosas.
Era delgada y trigueña, tu amiga, la novia más guapa que
   tú, mi Alejandra, que amaba a mi amigo, el Manolo,
Cuyo nombre no puedo o no quiero acordarme, Alejandra.
   ¡Un lugar de la Mancha, Quijote!,
Una mácula, un amor, un despertar de la mirada, una
   erección, y quizá demasiado precoz...

Yo sí sé de esta orilla del miedo, algo turbio y caliente y, te
   digo, no es puro terror, mi Alejandra:
Era un nombre de niña, que mañana a mañana, me enseñaba
   a besar a destiempo. Era tiempo

Sepia Photograph

Childhood, my Alejandra, is like luminous fear, fleeting,
  like everything, so much fear, Pizarnik.
Any childhood is like mud between your fingers: it
  illuminates the paths of your fear with more fear, but
  Fear is the surname of the sweet and the happy.
Distance is the home of the forgotten, Alejandra. Your name
  is like that marmalade of memory:
She was my childhood girlfriend, the forbidden one, older.
  She visited me at recess in the kindergarten patio.
You were beautiful, smitten schoolgirl. And in hiding, the
  wicked girl said to me: "Just one kiss, as friends." She
  was fat and she was blond and she was dumb.

And it is a luminous fear. Every life is a terrifying montage
  of ashes extinguished in the digestive tract of memory.
Alejandra, chubby malicious adolescent, who came with
  your friend to give us chocolates and sodas.
She was slim and olive-skinned, your friend, the girlfriend
  prettier than you, my Alejandra, who loved my friend,
  Manolo.
Whose name I do not want or do not care to remember,
  Alejandra. Somewhere in la Mancha, Quijote!
A blemish, a love, an awakening of the gaze, an erection,
  and perhaps too premature…

I do know of that shore of fear, something murky and hot
  and, I say to you, it is not pure terror, my Alejandra:
It was a girl's name, who morning to morning, taught me to
  kiss inopportunely. It was a time

De aprender cómo se amarran o se atoran en los hoyos, en
   los huecos del zapato los cordones, agujetas, tijeretas,
   gallaretas devoradas por un ave rapaz. Esos años de
   escuela
Me oriné en los pantalones y en la cama de lunes a viernes,
   mi Alejandra, si no estabas.
Chocolates y gaseosas y saliva en el recuerdo, repentina
   comisura, de esta boca que pronuncia:
La infancia es como un miedo luminoso y pasajero en la
   distancia, en el hogar de los olvidos, pasajeros, como
   todo, mi Alejandra, mucho miedo, ¡mucho miedo!,
   Pizarnik.

Of learning how to tie and stick in the holes, in the shoe
      openings the laces, shoelaces, scissors, coots devoured
      by a raptor bird. Those years of school
I peed my pants and wet the bed from Monday through
      Friday, my Alejandra, if you weren't there.
Chocolate and sodas and saliva in the memory, sudden
      commissure, of this mouth that declares:
Childhood is a luminous and fleeting fear in the distance,
      in the home of the forgotten, fleeting, like everything,
      my Alejandra, so much fear, so much fear!, Pizarnik.

Villancico del guardián

Para mi hija, Clara Isabel

1

Parecida a la tristeza que se quiebra en la retina de los
    perros cuando gimen.
Miedo de romper estos cristales que resguardan lo evidente
    del espanto.
Hablo de ser rudo con la piel de los leopardos de mejores
    pesadillas.
Hablo de la baba de los dioses que nos ciegan y congelan
    nuestra lengua.
Toda sierpe y todo ángel conmemora sus batallas en la piel
    de los vencidos.
Y esta noche soy eunuco y un esclavo y un traidor y aquel
    enano suplicante.

Si pudiera cabalgar este relámpago que tiembla entre mis
    piernas. Si pudiera
Contemplar el corazón que me salvó, latiendo fuera de sus
    urnas, ya vería
Otra forma de belleza. Pero he sido como un déspota
    invencible tanto tiempo,
Que adolezco todavía de dolores parecidos a la duda del
    otoño cuando caen
Los primeros astillazos del invierno. Retoñar es tan difícil
    cuando el mundo
Ha sido piedra sobre polvo, sobre piedra sobre polvo, sobre
    el humo, sobre nada…

2

Ni el amuleto de los magos más estúpidos me alcanza para
    hablar de esta miseria.

Guardian's Carol

For my daughter, Clara Isabel

1

Like the sorrow that breaks in the retina of a dog's eyes
    when it whines.
Fear of breaking these glasses that shield an obvious fear.
I speak of being rough with the skin of leopards from better
    nightmares.
I speak of the drool of the gods who blind us and freeze our
    tongues.
Every serpent and every angel commemorate their battles
    in the skins of the vanquished.
And on this night I am eunuch and slave and traitor and
    that imploring dwarf.

If I could ride this lightning bolt shaking between my legs.
    If I could
Contemplate the heart that saved me, beating outside of its
    urns, I would see
Another form of beauty. But I have been like an invincible
    despot for so long,
That I still suffer from pains like the doubt of Autumn when
Winter's first splintering falls. Sprouting again is so difficult
    when the world
Is in fact stone upon dust, upon stone upon dust, over the
    smoke, over nothing…

2

Not even the amulet of the stupidest magicians suffices to
    speak of this misery.

Con los restos de la calma, nuestros labios titilaron como
el hierro
Encendido en la fragua que tiene el gorrión en el buche y el
mirlo en las alas.
Como el paso del vikingo por el mar de los sargazos. No era
nada, como el túmulo
Encendido sobre el bote funerario que se marcha hacia el
Valhala. No era nada.

Fui un catastro de perdices degolladas para un ídolo de
piedra.
De piedra son las bancas donde escucho los sermones de
mi iglesia.
Siempre me he sentado entre las últimas baldosas de los
templos.
Soledad, en que llamaba cataclismo a mis amigos y
emboscada a mis rivales.
Nunca he visitado el cementerio donde yacen mis abuelos.
No he de ir nunca,
Porque polvo sobre polvo, con un suave resoplido, se
dispersa, se difama...

3

Y me han dicho que la carne de los cisnes es amarga, como
el tour de los poetas.
Me han dicho tantas cosas desde el día en llegó aquella
secreta mujercita.
Y me han dicho que no llame a la fortuna, mal versada en
estos ruidos,
Que conjuran la poesía o este rito, tan antiguo, que ya nadie
necesita.
Soledad, en que llamaba cataclismo a mis amigos y
emboscada a mis rivales.

With the remnants of calm, our lips trembled like the
glowing
Iron in the forge that the sparrow holds in its craw and the
blackbird in its wings.
Like the passage of the Viking over this sea of gulfweed. It
was nothing, like the glowing
Tumulus over the funeral boat bound for Walhalla. It was
nothing.

I was a cadaster of partridges butchered for a stone idol.
Of stone are the benches where I listen to the sermons of
my church.
I have always sat among the last tiles of the temples.
Loneliness, in which I called my friends cataclysm and my
foes ambush.
I have never visited the cemetery in which my grandparents
lie. Most likely I never will,
Because dust upon dust, with a light puff, disperses,
smears...

3

They have told me that the meat of swans is bitter, like the
voyage of the poets.
They have told me so many things since the day when that
secret little woman arrived.
And they have told me not to call upon fortune, badly-
versed in these sounds,
Conjured by poetry or this rite, so ancient, that no one
needs it anymore.
Loneliness, in which I called my friends cataclysm and my
foes ambush.

Y me puse a caminar con tanta fuerza que creí que estaba
enfermo
De una fiebre que me ha hecho retozar sobre la duna donde
sueño todavía,
Que la pequeña mujercita llega un día con su traje de soñar
y dice: "Padre,
Yo también te soñé como soñamos los cetáceos en la música
que cantan
Nuestros abuelos y los abuelos de sus abuelos, como una
orquesta
De escamas disgregadas por corrientes submarinas y
ventiscas abisales".

Y de pronto digo hija, digo hija, digo hija, digo hija, digo
hija, digo hija, digo hija...
Como quien dice: me he cansado de estar solo y de ser
hueso reluciente,
Envuelto en carne putrefacta y en pelambre encanecida y
en hilachas y disfraces.
Pero luego me despierto y grito: ¡Hija, no tendremos jamás
esos mismos abuelos!
¡Mis ancestros inventaron apellidos para hablar de sus
miserias, de sus guerras,
Y los tuyos se ocultaron para siempre en las cortinas del
azar! Mas no son nada
Extraordinario, no son nada extraordinario, no son nada
extraordinario, pues ninguno de los dos
Somos cobardes, somos crustáceos, somos capaces de
olvidarnos
Uno del otro, otro del uno, mi carne de cisne, mis huesos
de hada...

And I began to walk with such force that I believed that I
was ill

With a fever that has made me romp over the dune where
I still dream,

That the little woman arrives one day with her dreaming
garb and says: "Father,

I also dreamt of you as cetaceans dream in the music sung
by

Our grandparents and the grandparents of their
grandparents, like an orchestra

Of scales scattered by submarine currents and abyssal
gales."

And suddenly I say daughter, I say daughter, I say daughter,
I say daughter, I say daughter, I say daughter, I say
daughter...

As one who says: I've tired of being alone and of being
gleaming bone,

Wrapped in decayed flesh and graying hair and in frayed
threads and disguises.

But then I awake and cry: Daughter, we shall never have
those same grandparents!

My ancestors invented surnames to speak of their miseries,
of their wars,

And yours hid themselves forever in the curtains of chance!
But they are nothing

Extraordinary, they are nothing extraordinary, they are
nothing extrordinary, since neither of us

Are cowards, we are crustaceans, we can forget

One about the other, the other about one, my swan flesh,
my fairy bones...

Reconstrucción del diccionario

1

¡Ay, abuela Teresa! Si pudieras escuchar el gemido amargo de los
  pájaros. Amargo porque todos los pájaros son instrumentos
  quirúrgicos de la cobardía.
Si pudieras escuchar el lenguaje raído de los maestros.
  Raídos porque todos los maestros se comportan como
  catedrales mínimas de la violencia.
Si pudieras ver de nuevo este cielo, que desde hace un
  tiempo se ha quedado boca arriba, como una crisálida
  abandonada, como una polilla del sueño.
Este cielo, querida abuela, que rebuzna como un fantasma
  alcoholizado. Este cielo, Teresa querida, que grazna
  como un emperador moribundo.
¡Ay, abuela Teresa! ¡Si pudiéramos practicar quiropraxia con la
  espina dorsal del terror!

2

¡Ay, abuela Teresa! Si pudieras escuchar el gemido amargo de los
  pájaros, el lenguaje raído de los maestros.
Si pudieras ver este cielo, si pudieras escuchar estos
  animales, si pudieras tocar estos fantasmas, como
  lo hago yo, querida abuela, como un intérprete
  contrahecho de una lira oxidada…
Acaso hablaríamos en su lengua, en su lenguaje de palabras
  enfermizas, en su lenguaje de palabras suplicantes:
  dios, patria y libertad (cerdo, canción y dilema), *hasta la
  victoria siempre* (rosa de poliestireno expandido).
Pero todas son palomas zurcidas en mis labios, como
  llagas saludables, como sangre reseca de los héroes

Reconstruction of the Dictionary

1

Ay, grandmother Teresa! If you could hear the biter cry of the
birds. Bitter because all birds are surgical instruments
of cowardice.

If you could hear the threadbare language of the masters.
Threadbare because all masters act like miniature
cathedrals of violence.

If you could once more see this sky, which for quite some
time has been belly-up, like an abandoned chrysalis,
like a dream moth.

This sky, my dear grandmother, that brays like an
intoxicated ghost. This sky, dear Teresa, that caws like
a dying emperor.

Ay, grandmother Teresa! If only we could perform
chiropractic on terror's dorsal spine!

2

Ay, grandmother Teresa! If you could hear the bitter cry of
the birds, the threadbare language of the masters.

If you could see this sky, if you could hear these animals,
if you could touch these ghosts, as I do, dear
grandmother, like the hunchbacked player of a rusty
lyre…

Perhaps we would speak in their language, in their
language of perverse words, in their language of
imploring words: *god, country and freedom* (pig, song
and dilemma), *ever onward to victory* (distended
styrofoam rose).

But they are all doves darned to my lips, like healthy sores,

nacionales, como despojo de los santos de la religión
de nuestros padres, como versos de amor
Deshuesados, como letanías populistas, como mentiras
empalagosas, como sermones patrióticos y
sangrientos, como palomas, abuela, como palomas…
Por esas palabras, por esos gemidos, por esos lenguajes, por
este cielo, querida abuela, mi boca se ha convertido en
un relicario.

3

¡Ay, abuela Teresa! Si pudieras, por un momento, levantarte
de tu cripta, como se levantan los santos, como se
levantan los héroes, como se levantan los pájaros que
han muerto en pleno vuelo.
Si pudieras escuchar cómo suena en estos tiempos el tremor
de tu apellido.
Si pudieras, abuela, contagiarte de mi asco, por unas horas
apenas, por un minuto tan siquiera.
Me enseñaste que el silencio es el único tirano ineluctable,
el único cura infalible, el sacerdote que no cuelga la
sotana, el asesino que no caduca, el sicario con el fusil
empotrado en la lengua.
Me enseñaste a enfrentarme a ese hijo de puta. Pero, abuela
querida, el maldito es el hijo y la puta misma. Y es el
nieto de sí mismo, y el ancestro de su propia muerte.
La tarea parece imposible. La democracia es un lago muy
turbio, sembrado de muertos ajenos, sembrado de
perros podridos. Es una sopa indigesta, llena de flores
y enigmas.

Llevamos armas a la mesa cada día. Desayunamos dragones
crudos. Almorzamos cadáveres ancestrales. Bebemos

like dried-up blood of our national heroes, like the
saints' plunder of our fathers' religion, like boneless
verses of
Love, like populist litanies, like oversweet falsehoods, like
patriotic and bloody sermons, like doves, grandmother,
like doves...
With these words, with these cries, with these languages,
with this sky, dear grandmother, my mouth has
become a shrine.

3

Ay, grandmother Teresa! If you could, for a moment, arise
from your crypt, as the saints arise, as the heroes arise,
as the birds that perish mid-flight arise.
If you could hear how the tremor of your surname rings in
these times.
If you could, grandmother, be infected by my disgust, for
barely an hour, for less than a minute.
You taught me that silence is the only inevitable tyrant, the
only infallible cure, the priest who doesn't hang up his
cassock, the assassin who doesn't expire, the hitman
with the rifle embedded in his tongue.
You taught me to stand up to that son of a whore. But, dear
grandmother, the accursed is both son and whore.
And he is his own grandson, and the ancestor of his
own death.
The task seems impossible. Democracy is a very murky
lake, sowed with far-removed dead, sowed with rotten
dogs. It is an indigestible soup, filled with flowers and
enigmas.

We bring guns to the table each day. We breakfast on raw

jarabes de entrañas añejas. Cenamos corazones rubicundos.

Hoy pensaba decir tu nombre, para acordar una tregua, para firmar un armisticio con el vacío de tu lengua.

Pero digo tu nombre, y el eco me responde, el eco responde, me responde, responde, dónde, abuela, dónde, dónde...

Hoy me queda apenas levantarme de mi catre, de mi cofre. Transitar el callejón de los vencidos. Cantar el himno de los condenados.

Y bailar y bailar y bailar y bailar iluminado con el esplendor de esta tragedia.

4

¡Ay, abuela querida! El mar es el peor de todos los ciegos, porque jamás escucha, porque su lengua es un reptil de vidrio derretido, porque siempre está regresando, porque el mar siempre regresa a su propia sombra, porque su sombra es un vientre insumergible, porque el mar es todo vientre, porque todo él es un feto inmaculado, porque es padre y madre de sí mismo.

¡Ay, querida abuela! El mar no es solo un tema literario, aunque sea el más literario entre los más literarios que existen. El mar es un caldo de ozono y futuro.

Y a los que no sabemos nadar, o mal nadamos, nos queda apenas resignarnos, santiguarnos, persignarnos con el agua santa de su bullicioso silencio.

Nadar, verbo intransitivo, que describe la ruta del mar hacia su propia nada.

Nadar, acción de todos los cuerpos conocidos hacia el fondo del buche del cormorán termonuclear, dragons. We lunch on ancestral corpses. We drink syrups of cured entrails. We dine on ruddy hearts.

Today I thought to say your name, to reach a ceasefire, to sign an armistice with the emptiness of your tongue.

But I say your name, and the echo responds to me, the echo responds, responds to me, responds, where, grandmother, where, where…

Today what is left is to raise myself from my cot, from my coffin. Go down the alley of the vanquished. Sing the hymn of the condemned.

And to dance and dance and dance and dance illuminated by this tragedy's radiance.

4

Ay, dear grandmother! The sea is the worst of all the blind, because it never listens, because its tongue is a melted glass reptile, because it is always returning, because the sea always returns to its own shadow, because its shadow is an unsinkable womb, because the sea is all wombs, because it is an immaculate fetus, because it is its own father and mother.

Ay, dear grandmother! The sea is not merely a literary trope, though it is the most literary among the most literary that exist. The sea is a broth of ozone and future.

And for those of us who cannot swim, or who swim poorly, what remains is to resign, cross ourselves, make the sign of the holy cross with the blessed water of its boisterous silence.

To swim, intransitive verb, that describes the sea's route towards its own nothingness.

To swim, action of all known bodies towards the bottom of the belly of the thermonuclear cormorant.

Que al final de cuentas es el único soberano totalmente
democrático, porque siempre nos escoge a todos.

¡Ay, abuela Teresa! ¡Cuántos nombres crueles y ridículos tiene el
mar! ¿Por qué, abuela querida, si al fin y al cabo es apenas
un pedazo de agua?

Which at the end of the day is the only full democratic
sovereignty, for it always chooses all of us.
Ay, grandmother Teresa! The sea has so many cruel and
ridiculous names! Why, dear grandmother, if after all,
it is no more than a piece of water?

Invocación al carnaval

Viuda o tempestad, todo es lo mismo, Catapulta,
Corazón hervido en leche cortada, semidiosa.
Antes de ser un niño, fui un mecanismo de fuga.
Antes de ser un rebelde, era otro pato de látex.

¿Sabes de qué color son las tripas del Yeti?
¿Sabes que su amor por la nieve es un mito náutico?
Mariposa recogida en el almizcle de la noche,
Cuando vivía de las flores era un cerdo mecánico.

¿Qué tal si desmontamos el espejo, Catapulta?
Y nos vamos a freír unos corderos jovencitos…
En este rincón oscuro, te espera tu madre,
Te espera la lección de la Mecánica Cuántica.

Viuda o tempestad, todo es lo mismo, Catapulta.
Somos niños atorados en el mar de los sargazos.
Somos monjes tibetanos con alergia a las preguntas.
Pero preguntas, Catapulta, tan humana, tan sin miedo…

Ya debemos aceptarlo, semidiosa, compañera Catapulta:
Nuestra Primavera resultó una reverenda porquería
(Perdón, quise decir, un apoteósico fracaso).
Mejor vamos a beber un vino añejo y a tragar un queso magro.
Mejor vamos a cantar, mi Catapulta, semidiosa, paridera,
Paridora, mi fecunda y deliciosa convulsión de la memoria…

Invocation to the Carnival

Widow or tempest, it is all the same, Catapult,
Boiled heart in sour milk, semi-goddess.
Before I was a child, I was an escape mechanism.
Before I was a rebel, I was another latex duck.

Do you know the color of the Yeti's innards?
Do you know that its love for the snow is a nautical myth?
Butterfly gathered in the night's musk,
When it lived from the flowers it was a mechanical pig.

Why don't we take apart the mirror, Catapulta?
And we'll fry some young lambs...
In this dark corner, your mother awaits you,
The Quantum Mechanics lesson awaits you.

Widow or tempest, it's all the same, Catapult.
We are tongue-tied children in the sea of gulf-weed.
We are Tibetan monks allergic to questions.
But you ask, Catapult, so human, so without fear...

 We should accept it now, semi-goddess, companion
       Catapult:
Our Spring turned out to be a revered mess
(Sorry, I meant to say, a tremendous failure).
Instead, let's drink aged wine and swallow lean cheese.
Instead, let's sing, my Catapult, semi-goddess, breeder,
Birther, my fertile and delicious convulsion of memory...

Desprendimiento del velo (autorretrato)

Entero y de pie,
    muge un toro de lidia indultado.
Aquí espero fallecer como una bestia de pesebre.
Secreto y feroz,
    verraquea otro cerdo arrogante.
La piedra,
    que cimienta esta guarida,
      cacarea.

¡Camina, toro!
    ¡Camina, cerdo!
      ¡Camina, piedra!
Apura este sendero,
    que es un trago efervescente.
Se deshace el horizonte en acertijos y caminos.
Este cuerpo desquiciado es solo un juego de palabras:

Maquina tu aventura,
    toro-cerdo,
      nombre-piedra.
Es un mapa corrugado este paisaje de sonidos.
¡Los censores aguardan las maquilas del necio!
Es que ayer resucitaron a los árbitros del gusto:

Habla claro,
    lentamente,
    que te entiendan las paredes.
Solo el viento es igualitario.
    Solo el viento es el libertario,
Que indagas en las miradas,
    que escarbas en los oídos…

Detachment of the Veil (self-portrait)

Whole and afoot,
    a bull from the pardoned bullfight lows.
Here I wait to perish like a manger beast.
Secret and ferocious,
    another arrogant pig grunts.
The stone,
    that cements this den,
    clucks.

Walk, bull!
    Walk, pig!
      Walk, stone!
Hurries the path,
    which is an effervescent drink.
The horizon dissolves in riddles and roads.
This unhinged body is just a play on words:

Plot your adventure,
    bull-pig,
      name-stone.
This landscape of sounds is a corrugated map.
The censors await the idiot's factories!
Because yesterday they resuscitated the arbiters of taste:

Speak clearly,
    slowly,
    so that the walls understand you.
Only the wind is egalitarian.
    Only the wind is the libertarian,
That you probe with your gaze,
    that you uncover in your ears…

Habla lento,
 claramente,
 que te escuchen las serpientes:

Han llegado los placebos reflexivos a las tiendas.
Ha llegado la cápsula vítrea del loco a la feria.
Cómpralos todos,
 cerdo de piedra,
 nombre de toro.
Conquista tu ingreso al panteón de los próceres:

Obtén tu boleto a la estatua de mármol.
 Y esculpe
Tu glifo de piedra caliza en la plaza de armas.
¡Arre, bestia!
 ¡Y arre, sangre!
 ¡Y arre, carne marmoleada!
¡Arre, tú, túmulo óseo!
 Que el olvido nos espera…

Speak slowly,
    clearly,
    so that the serpents hear you:

The reflexive placebos have arrived to the stores.
The madman's glassy capsule has arrived to the fair.
Buy them all,
    stone pig,
    name of stone.
Conquer your entry to the heroes' mausoleum:

Get your ticket to the marble statue.
    And spit
Your limestone glyph in the *plaza de armas*.
Giddy up, beast!
    And giddy up, blood!
    And giddy up, marbled flesh!
Giddy up, you, bone burial mound!
    For oblivion awaits us…

Canción ligeramente ecologista

La naturaleza balbucea a través de la boca lacerada de los
   hombres.
La naturaleza padece tiranías a través de la piel erizada de
   los hombres.
La naturaleza se empina a través de la mano catastrófica
   del hombre.
La naturaleza se extingue a través de las luces marchitas de
   los hombres,
De su genio obtuso y abierto hacia el silencio y la muerte y
   los trastos sucios...
Convulsiona en los abrazos de la estrella coralina y, sin
   embargo, casi brilla
En los anuncios de neón de las anémonas y erizos,
   barracudas y sardinas...
Constelaciones abisales y galaxias invertidas y galaxias
   invertidas y galaxias...
Mensajes de un dios cristalino que quiso encarnarse en el
   calcio y el yodo,
Blasfemia de piedra, ladridos de lodo... Saliva mortal de los
   hombres
Que, sin embargo, grazna en la garganta de las gaviotas, de
   los albatros,
Y aplaude la certeza de la espuma con las patas de los lobos
   marinos,
Extremidades que navegan el fondo animal... De regreso,
   el basalto y la arena...
Y cada vello es una estrella, cada poro un agujero de gusano,
   de la víbora cósmica.
El tiempo del mar está escrito en el código del colágeno. La
   colisión del somormujo
Contra el limo es otro mapa de la luna. Y si hoy fuéramos
   tan puros, tan bramidos,

Somewhat Environmentalist Song

Nature babbles through men's lacerated mouths.

Nature suffers tyrannies through men's curled skin.

Nature rears up through man's catastrophic hand.

Nature is extinguished through the withered lights of men,

From their blunt and open temperament towards silence
and death and dirty recipients…

It convulses in the arms of a coralline star and, yet, almost
shines

In the neon announcements of the anemones and sea
urchins, barracudas and sardines…

Abyssal constellations and inverted galaxies and inverted
galaxies and inverted…

Messages from a crystalline god who wished to embody
himself in calcium and iodine,

Blasphemy of stone, barking of mud… Men's mortal saliva

That nonetheless caws in the throats of the gulls, of the
albatrosses,

And applauds the foam's conviction with seal paws,

Extremities which navigate the animal depths… On the
way back, the basalts and the sand…

And each hair is a star, each pore a wormhole, for the
cosmic viper.

The sea's time is written in the collagen code. The grebe's
collision

Against the silt is another moon map. And if today we were
so pure, so booming,

Tan escamas, osamentas velocípedas. Si fuéramos al menos
las iguanas asintiendo

Las urgencias de las sales, condimentos del carbono, los
afeites de la tierra…

Si al menos fuéramos las nubes de estos gases siderales, de
esta luz intermitente…

Si al menos fuéramos frontera, conjetura natural, palabra
santa, santa bruma,

Detendríamos al Ángel de la Historia, peso muerto,
monigote, papalote de magnesio.

Si al menos fuéramos cascada, estanque turbio, trogloditas,
cavernarios

Dispuestos a talar, a sembrar, a fundar… Este día, ya
seríamos Legión,

Un solo cuerpo, un solo barco, un solo médano de azúcar
y machetes.

Ya seríamos un brote de lava encauzada en un salto de fe,
de prisión, de valor.

La garganta de los hombres se podría convertir en un
volcán de mil calderas,

Pero somos labios rotos por el viento, maquinarias
perecibles, comediantes del vacío.

So squamous, velocipede skeletons. If we were at least the
    assenting iguanas,

The urgency of the salts, condiments of carbon, cosmetics
    of the earth…

If we were at least the clouds of these sidereal gases, of this
    sporadic light…

If we were at least frontier, natural conjecture, holy word,
    holy mist,

We would detain the Angel of History, dead weight, ragdoll,
    magnesium kite.

If we were at least waterfall, muddy pond, troglodytes,
    cave-dwellers

Willing to hew, to plant, to found… On this day, we would
    be Legion,

A single body, a single boat, a single dune of sugar and
    machetes.

We would be a sprout of lava channeled into a leap of faith,
    of internment, of courage.

Men's throats could be a thousand-cratered volcano,

But we are lips torn by the wind, perishable machinery,
    comedians of the vacuum.

Aniversario

Ahora, dos de junio, que soy mis tres amigos fallecidos,
Recuerdo que en mi adolescencia me llamaban Armando y
    Plinio y Francisco.
Ahora que soy también mi compañera muerta de la infancia,
Recuerdo que me llamaban Andreíta, la Gringa, la Alemana.
Ahora que soy también la abuela muerta, que fue mi madre,
Recuerdo que me bautizaron: Teresa Albertina Carrión
    Rojas.
Ahora que escribo los nombres de mis muertos ante el
    espejo,
Empiezo a olvidar los rostros de Armando y Plinio y
    Francisco.
Rebusco la foto de Andrea, la Gringa, la rubia, la gorda, la
    dulce,
Y constato que he perdido su retrato y su figura en mi
    memoria.
Ahora que recuerdo que mi abuela reclamaba mi visita en
    el asilo,
Y decía: "Tengo una hembra y dos varones; ella, Alicia, él
    es Galo y
El otro es el César Eduardo…". No un nieto, era un hijo ¡El
    Alzheimer tramposo,
Mensajero del silencio y el vacío! Las palabras: Ahora
    enciendo
Otra forma del tiempo, que se lleva una flor almizclada,
    prohibida,
Y ya en medio del cobijo o del humo de la amable marihuana,
    yo me digo

Anniversary

Now that, on June second, I am my three deceased friends,
I recall that when I was a teenager they called me Armando
and Pliny and Francisco.
Now that I am also my dead childhood companion,
I remember that they called me Andreíta, the Gringa, the
German.
Now that I am also the dead grandmother, who was my
mother,
I remember how they baptized me: Teresa Albertina Carrión
Rojas.
Now that I write the names of my dead in front of the
mirror,
I begin to forget the faces of Armando and Pliny and
Francisco.
I search for the photo of Andrea, the Gringa, the blond, the
chubby, the sweet,
And confirm that her figure and her portrait have been lost
in my memory.
Now that I remember how my grandmother demanded
that I visit the nursing home,
And said, "I have one girl and two boys; she's Alicia, he's
Galo and
The other is César Eduardo..." I was a son, not a grandson.
Deceitful Alzheimer's,
Messenger of silence and emptiness! The words: Now I
switch on
Another form of time, that carries a musky, forbidden
flower,
And in the midst of the shelter or the gentle marijuana
smoke, I say to myself

Nombres, digo muertes, digo días de cumpleaños, de
     convites, de los *Idus*
De Marzo. Es el Armando y es el Plinio y el Francisco y la
     Andreíta,
La Teresa Albertina apagándose en la cama como un cirio
     sin pabilo.
Ahora que soy todos mis muertos, he dejado de decir mi
     propio nombre,
Y tengo miedo de decirlo y que en el verso se me quede otro
     latido...

Names, I mean dead, I mean days of births, of feasts, of the
Ides
Of March. It is Armando and it is Pliny and Francisco and
Andreíta,
Teresa Albertina flickering out on the bed like an alter
candle without a wick.
Now that I am all my dead, I have stopped saying my own
name,
And I am afraid to say it and that in the verse I will lose
another heartbeat …

Falsa modestia

Y quizás el sentido simplemente haya sido nacer
Y dejar una estela en el mar y sin tanto aspaviento...
Quiero decir,
Sin este mismo aspaviento.

False Modesty

And perhaps the meaning is simply to be born
And leave a trail in the sea, without so much theatricality,
I mean to say,
Without this same theatricality.

Arte poética

Me gustan los versos muy largos, no puedo evitarlo, querida
    censora, querido censor: Yo nací
El mismo año en que moría un tal José Lezama Lima, limita,
    limón, limonero,
Danos la elocuencia nuestra de cada día y perdona nuestro
    recato,
Así como nosotros perdonamos y olvidamos tu facundia.
    No nos dejes
Caer en laconismo, mas líbranos de toda sobriedad en la
    lengua y el habla,
Porque tuyo el hablar y tuyo el callar y la gloria, por
    siempre, Señor...

Arte Poetica

I like lengthy verses, I can't avoid it, dear madam censor,
    dear sir censor: I was born
The same day upon which died a certain José Lezama Lima,
    limit, lemon, lemon tree,

Give us our daily eloquence and forgive us our modesty,

As we forgive and forget your glibness. Do not let us

Fall into terseness, but free us from all sobriety in tongue
    and speech,
For yours is the speech and yours is the silence and the
    glory, forever, Lord...

César Eduardo Carrión (Quito, 1976) is author of the poetry books *Es lodo y es polvo y es humo y es nada* (2018), *Emboscada* (2017), *Cinco maneras de armar un travesti* (2011), *Poemas en una Jaula de Faraday* (2010), *Limalla babélica* (2009), *Pirografías* (2007) and *Revés de luz* (2006). He has published the essay collections *El deseo es una pregunta* (2018), *La diminuta flecha envenada* (2007) and *Habitada ausencia* (2008). He was a member of the poetry and essay journals *Ruido Blanco* (2010-2012) and *País secreto* (2001-2005). He studied Spanish Philology in Madrid, and Communications, Sociology and Literature in Quito. He holds a PhD in Latin American Literature from the Universidad Andina Simón Bolívar. He was Director of the School of Language and Literature and the Center for Publications at the Pontifical Catholic University of Ecuador, where he currently serves as Dean of the Faculty of Communication, Linguistics and Literature.

César Eduardo Carrión (Quito, 1976) ha publicado los libros de poesía *Es lodo y es polvo y es todo* (2018), *Emboscada* (2017), *Cinco maneras de armar un travesti* (2011), *Poemas en una Jaula de Faraday* (2010), *Limalla babélica* (2009), *Pirografías* (2007) y *Revés de luz* (2006). Ha publicado los libros de ensayo *El deseo es una pregunta* (2018), *La diminuta flecha envenenada* (2007) y *Habitada ausencia* (2008). Fue miembro de las revistas de poesía y ensayo *Ruido Blanco* (2010- 2012) y *País secreto* (2001-2005). Estudió Filología Hispánica en Madrid, y Comunicación, Sociología y Literatura en Quito. Es Doctor en Literatura Latinoamericana por la Universidad Andina Simón Bolívar. Fue Director de la Escuela de Lengua y Literatura, del Centro de Publicaciones, y actualmente es Decano de la Facultad de Comunicación, Lingüística y Literatura de la Pontificia Universidad Católica del Ecuador.

Kimrey Anna Batts is a native of East Tennessee. She resided in Ecuador for 12 years and currently lives in Mexico, where she works as a professional translator. Her translations of poetry and narrative fiction have appeared in various literary journals. She has translated the short story collection *Matracide/Matar a mamá* (La Caída, 2015) by Santiago Vizcaíno, and together with Juan Romero Vinueza she compiled and translated *Casabe Lands: Binational Anthology of Stories, Ecuador-Nigeria* (La Caída, 2017). Her translation of the book of short stories *Todos los días atrás / Every Day Behind* by Antonio Ramos Revillas was published in Spring of 2009 with the Mexican publisher Argonáutica.

Kimrey Anna Batts es originaria de East Tennessee. Vivió durante 12 años en Ecuador y ahora reside en México, donde trabaja como traductora profesional. Sus traducciones de poesía y narrativa han aparecido en varias publicaciones periódicas. Ha traducido el libro de cuentos *Matricide / Matar a mamá* (La Caída, 2015) de Santiago Vizcaíno y junto con Juan Romero Vinueza compiló y tradujo la antología binacional bilingüe *País Cassava / Casabe Lands* (La Caída, 2017). Su traducción del libro de cuentos *Todos los días atrás / Every Day Behind* de Antonio Ramos Revillas salió en primavera de 2019 con la editorial mexicana Argonáutica.

artepoética
press

New York
2019

www.ingramcontent.com/pod-product-compliance
Lightning Source LLC
Chambersburg PA
CBHW031222090426
42740CB00007B/666